LES
PRECIEVSES
RIDICVLES,
COMEDIE.

REPRESENTEE
au Petit Bourbon.

A PARIS,

Chez CHARLES DE SERCY, au
Palais, dans la Salle Dauphine,
à la Bonne-Foy couronnée.

M. DC. LX.
AVEC PRIVILEGE DV ROY.

PREFACE.

EST vne chose estrange, qu'on imprime les Gens, malgré eux. Ie ne vois rien de si iniuste, & ie pardonnerois toute autre violence, pluſtoſt que celle-là.

Cè n'est pas que ie veüille faire icy l'autheur modeste, & mépriser par honneur ma comedie. I'offencerois mal à propos tout Paris, ſi ie l'accuſois d'auoir pû applaudir à vne ſottiſe. comme le public est le Iuge abſolu de ces ſortes d'ouurages, il y auroit de l'impertinence à moy, de le démentir, & quand j'aurois eu la plus mauuaiſe opinion du monde de mes Pretieuſes Ridicules, auant leur repreſentation, je dois croire maintenant, qu'elles valent quelque choſe,

puifque tant de gens enfemble en ont
dit du bien : mais comme vne grande
partie des graces, qu'on y a trouuées,
dépendent de l'action, & du ton de
voix, il m'importoit, qu'on ne les dé-
pouillaft pas de ces ornemens, & ie
trouuois que le fuccés, qu'elles a-
uoient eû, dans la reprefentation,
eftoit affez beau, pour en demeurer là.
I'auois réfolu, dif-je, de ne les faire
voir, qu'à la chandelle, pour ne point
donner lieu à quelqu'vn, de dire le
Prouerbe, & ie ne voulois pas
qu'elles fautaffent du Theatre de
Bourbon, dans la Galerie du Palais.
Cependant je n'ay pû l'éviter, & ie
fuis tombé dans la difgrace de voir
vne copie dérobée de ma piece, entre
les mains des Libraires, accompagnée
d'vn Priuilege, obtenu par furprife
I'ay eu beau crier ô, temps! ô meurs!
on m'a faituoir vne neceffité pour moy

PREFACE.

d'éstre imprimé, où d'auoir vn proces,
& le dernier mal est encor pire, que
le premier. Il faut donc se laisser aller
à la destinée, & consentir à vne
chose, qu'on ne laisseroit pas de faire
sans moy.

Mon Dieu, l'étrange embarras,
qu'vn Liure à mettre au jour ! &
qu'vn Autheur est neuf, la premiere
fois qu'on l'imprime ! encore si l'on
m'auoit donné du temps, j'aurois pû
mieux songer à moy, & i'aurois pris
toutes les precautions, que Messieurs
les Autheurs, à present mes confreres,
ont coûtumé de prendre en semblables
occasions. Outre quelque grand Sei-
gneur, que j'aurois esté prendre malgré
luy, pour Protecteur de mon Ouurage, & dont i'aurois tenté la liberalité,
par vne Espitre dedicatoire bien
fleurie, j'aurois tâché de faire vne belle
& docte Preface, & je ne man-

que point de Liures, qui m'auroient
fourny tout ce qu'on peut dire de fça-
uänt fur là Tragedie, & la Comedie,
l'Ethimologie de toutes deux, leur ori-
gine, leur definition, & le reste. J'aurois parlé aussi à mes amis, qui pour la
recōmandation de ma Piece, ne m'auroient pas refusé, ou des vers Frāçois,
ou des vers Latins. J'en ay mesme qui
m'auroiēt loüé en Grec, & l'on n'ignore
pas, qu'vne loüange en Grec, est d'vne
merueilleuse efficace à la teste d'vn Liure. Mais on me met au jour, fans me
donner le loisir de me réconnoistre; Et je
ne puis mesme obtenir la liberté de dire
deux mots, pour justifier mes intentions,
fur le fujet de cette Comedie. J'aurois
voulu faire voir qu'elle se tient par
tout dans les bornes de la fatyre honneste, & permise; Que les plus excel-
lentes chofes font fujettes à estre copiées
par de mauuais Singes, qui meritent

PREFACE.

d'être bernez, que ces vicieuses imitations de ce qu'il y a de plus parfait, ont esté de tout temps, la matiere de la Comedie, & que par la mesme raison, que les veritables Sçauans, & les vrays braues, ne se sont point encore avisez de s'offencer du Docteur de la Comedie, & du Capitan, nõ plus que les Iuges, les Princes, & les Rois de voir Triuelin, ou quelque autre sur le theatre, faire ridiculement, le Iuge, le Prince, ou le Roy; aussi les veritables Precieuses, auroient tort de se piquer, lors qu'on ioüe les Ridicules, qui les imitent mal : Mais enfin, comme i'ay dit, on ne me laisse pas le temps de respirer, & Monsieur de Luynes veut m'aller relier de ce pas ! A la bonne heure, puis que Dieu l'a voulu.

LES PERSONNAGES.

LA GRANGE, } *Amans rebutez.*
DV CROISY, }

GORGIBVS, Bon Bourgeois.

MAGDELON, fille } *Precieuses*
de Gorgibus. } *Ridicules.*

CATHOS, Niece }
de Gorgibus. }

MAROTTE, Seruante des Precieuses Ridicules.

ALMANZOR, Laquais des Precieuses Ridicules.

LE MARQVIS DE MASCARILLE, Valet de la Grange.

LE VICOMTE DE IODELET, Valet de du Croisy.

DEVX PORTEVRS de chaise.

VOISINES.

VIOLONS.

LES
PRECIEVSES
RIDICVLES.

SCENE I.

LA GRANGE DV CROISI.

DV CROISI.

SEigneur la Grange.
LA GRANGE.

Quoy ?

A

DV CROISI.

Regardez moy vn peu sans rire.

LA GRANGE.

Et bien !

DV CRIOSI.

Que dites vous de nostre visite ? en estes vous fort satisfait ?

LA GRANGE.

A vostre auis, auons nous

iet de l'estre tous deux?

DV CROISI.

s tout à fait à dire vray.

LA GRANGE.

Pour moy ie vous auoüe
e i'en suis tout scandalisé.
ton iamais veu, dites moy,
ux Pecques Prouinciales
re plus les rencheries que
les là, & deux hómes trai-
auec plus de mépris que
us? à peine ont elle pû se
oudre à nous faire donner
s sieges. Ie n'ay iamais veu

A ij

tant parler à l'oreille qu'elle
ont fait entre elles, tant bai
ler; tant se frotter les yeux, &
demander tant de fois quel
heure est-il; ont elles répo
du que oüy, & non, à tout c
que nous auons pû leur dir
Et ne m'auoüerez pas enf
que quand nous aurions e
les dernieres personnes d
monde, on ne pouuoit no
faire pis qu'elles ont fait?

DV CROISI.

Il me semble que vous p
nez la chose fort à cœur.

LA GRANGE.

Sans doute ie l'y prens, &
e telle façon que, ié veux
ne vanger de cette imperti-
ence. Ie connoy ce qui nous
fait méprifer. L'air precieux
'a pas feulement infecté Pa-
s, il s'eft auffi répandu dans
es prouinces & nos Donzel-
es ridicules en ont humé leur
bonne part. En vn mot c'eft
n ambigû de Precieufe & de
Coquette que leur perfonne ;
e voy ce qu'il faut eftre, pour
n eftre bien reçeu, & fi vous
m'en croyez, nous leurs iouë-

A iij

rons tous deux vne piece, q
leur sera voir leur sottise,
pourra leur aprendre à con
noistre vn peu mieux le
monde.

DV CROISI.

Et comment encore?

LA GRANGE.

l'ay vn certain valet nom
mé Mascarille, qui passe a
sentiment de beaucoup d
gens pour vne maniere d
bel esprit, car il n'y a rien
meilleur marché que le bel
esprit maintenant. C'est v

extrauagant, qui s'eſt mis dás
la teſte de vouloir faire l'hó-
me de condition. Il ſe pique
ordinairement de galanterie,
& de vers, & dedaigne les autres valets iuſqu'à les apeller
brutaux.

DV CROISI.

Et bien qu'en pretendez
vous faire ?

LA GRANGE.

Ce que i'en pretens faire il
faut..... mais ſortons d'icy au-
parauant.

SCENE II.

GORGIBVS, DV CROISI, LA GRANGE.

GORGIBVS.

ET bien vous auez veü ma niece, & ma fille, les affaires iront-elles bien? quel est le resultat de cette visite?

LA GRANGE.

C'est vne chose que vous

pourrez mieux aprendre d'elles, que de nous. Tout ce que
nous pouuons vous dire, c'est
que nous vous rendons grace de la faueur que vous nous
auez faite, & demeurons vos
tres-humbles seruiteurs.

GORGIBVS.

Oüais il semble qu'ils sortent mal satisfaits d'icy, d'où
pourroit venir leur mécon-
tentement? Il faut sçauoir vn
peu ce que c'est. Hola.

SCENE III.

MAROTTE, GORGIBVS,

MAROTTE.

QVe deſirez vous mon-
ſieur ?

GORGIBVS.

Où ſont vos Maiſtreſſe ?

MAROTTE.

Dans leur cabinet.

GORGIBVS.

Que font elles?

MAROTTE.

De la pommade pour les levres.

GORGIBVS.

C'est trop pommadé, Dites-leur qu'elles descendent.

Ces pendardes la auec leur
pommade ont ie penſe enuie
de me ruiner. Ie ne voy par
tout que blancs-d'œufs, lait
virginal, & mille autres brin-
borions que ie ne connois
point. Elles ont vſé, depuis
que nous ſommes icy, le lard
d'vne douzaine de cochons,
pour le moins ; & quatre valets viuroient tous les iours
des pieds de mouton qu'elles
employent.

SCENE IV.

MAGDELON, CATHOS,
GORGIBVS.

GORGIBVS.

I Left bien neceſſaire, vrayement, de faire tant de
dépence pour vous graiſſer le
muſeau. Dites-moy vn peu ce
que vous auez fait à ces meſſieurs, que ie les voy ſortir
auec tant de froideur ? vous
auois-ie pas commandé de

les receuoir comme des personnes, que ie voulois vous
donner pour maris ?

MAGDELON.

Et quelle estime, mon pe-
re, voulez-vous que nous fas-
sions du procedé irregulier
de ces gens-là ?

CATHOS.

Le moyen, mon oncle,
qu'vne fille vn peu raisonnable se pust accommoder
de leur personne ?

GORGIBVS.

Et qu'y trouuez-vous à re-
dire ?

MAGDELON.

La belle galenterie que la
leur ! quoy debuter d'abord
par le mariage ?

GORGIBVS.

Et par où veux-tu donc
qu'ils débutent, par le concu-
binage ? n'est-ce pas vn procé-
dé, dont vous auez sujet de

vous loüer toutes deux, auſſi
bien que moy ? eſt il rien de
plus obligeant que ce la? & ce
lien ſacré où ils aſpirent n'eſt
il pas vn témoignage de
l'honneſteté de leurs intentions ?

MAGDELON.

Ah mon pere, ce que vous
dites là eſt du dernier bourgeois. Cela me fait honte de
vous oüir parler de la ſorte,
& vous deuriez vn peu vous
faire aprendre le bel air des
choſes.

GORG.

GORGIBVS.

Ie n'ay que faire, ny d'air,
ny de chanſon. Ie te dis que
le mariage eſt vne choſe ſain-
te & ſacrée, & que c'eſt faire en honneſtes gens que de
débuter par là.

MAGDELON.

Mon Dieu, que ſi tout le
monde vous reſſembloit vn
Roman ſeroit bien toſt finy ;
la belle choſe, que ce ſeroit,
ſi d'bord Cyrus eſpouſoit
Mahdane, & qu'Aronce de

B

plain pié fuſt marié à Clelie.

GORGIBVS.

Que me vient conter cel-
le cy.

MAGDELON.

Mon pére, voila ma couſi-
ne, qui vous dira, auſſi bien
que moy, que le mariage ne
doit iamais arriuer, qu'apres
les autres auantures. Il faut
qu'vn amant, pour eſtre a-
greable, ſçache debiter les
beaux ſentimens; pouſſer le
doux, le tendre, & le paſſionné, & que ſa recherhe ſoit

dans les formes. Premiere-
ment il doit voir au Temple,
ou à la promenade, ou dans
quelque ceremonie publi-
que la personne dót il deuiét
amoureux, ou bien estre con-
duit fatalement chez elle, par
vn parent, ou vn amy, & sortir de là tout réueur & melan-
colique. Il cache, vn temps,
sa passion à l'objet aymé, &
cependant luy rend plusieurs
visites, où l'on ne manque
iamais de mettre sur le tapis
vne question galante, qu
exerce les esprits de l'assem-
blée. Le iour de la declaration arriue, qui se doit faire

B ij

ordinairement dans vne allée
de quelque iardin, tandis que
la compagnie s'est vn peu
éloignée: & cette declaration
est suiuie d'vn prompt cou-
roux, qui paroist à nostre rou-
geur, & qui pour vn temps
bannit l'amant de nostre
presence. En suite il trouue
moyen de nous appaiser, de
nous accoustumer insensi-
blement au discours de sa
passion, & de tirer de nous
cét aueu qui fait tant de peine. Apres cela viennent les
auentures; les riuaux qui se
iettent à la trauerse d'vne in-
clination établie, les perse-

cutions des peres, les ialou-
sies conçeuës sur de fausses
apparences, les plaintes, les
defespoirs, les enleuemens,
& ce qui s'ensuit. Voila comme les choses se traitent dans
les belles manieres, & ce font
des regles, dont en bonne galanterie on ne sçauroit se dis-
penser; mais en venir de but.
en blanc à l'vnion coniugale!
ne faire l'amour qu'en faisant
le contract du mariage, &
prendre iustement le Roman
par la queuë! Encore vn
coup mon pere, il ne se peut
rien de plus Marchand que ce
procedé, & i'ay mal au cœur

de la seule vision que cela
me fait.

GORGIBVS.

Quel diable de jargon en-
tens je icy ? voicy bien du
haut ſtyle.

CATHOS.

En effet, mon oncle, ma
couſine donne dans le vray
de la choſe. Le moyé de bien
receuoir des gens qui ſont
tout à fait incongrus en galenterie ? ie m'en vais gager
qu'ils n'ont iamais veu la car-
te de tendre, & qué billets

doux, petits soins, billets ga-
lans, & iolis vers, font des
terres incönnüés pour eux.
Ne voyez vous pas que toute
leur perfonne marque cela,
& qu'ils n'ont point cét air
qui donne d'abord bonne
opinion des gens? venir en
vifite amoureufe auec vne
iambe toute vnie; vn cha-
peau defarmé de plumes, vne
tefte irreguliere en cheueux
& vn habit qui fouffre vne
indigence de rubans! mon
Dieu quels amans font ce là!
quelle frugalité d'ajuftemér,
& quelle fechereffe de con-
uerfation! on n'y dure point,

on n'y tient pas. I'ay remarqué encore que leurs rabats
ne sont pas de la bonne fai-
seuse, & qu'il s'en faut plus
d'vn grand demy - pié, que
leurs hauts de chausses, ne
soient assez larges.

GORGIBVS.

Ie pense qu'elles sont fol-
les toutes deux, & ie ne puis
rien comprendre à ce bara-
goin. Cathos & vous Magdelon.

MAGDELON.

Eh de grace, mon pere,
defaites

défaites vous de ces noms
estranges, & nous appelle
uatrement.

GORGIBVS.

Comment ces noms estran-
ges? ne sont ce pas vos noms
de Baptesme?

MAGDELON.

Mon Dieu, que vous estes
vulgaire! pour moy vn de mes
estonnemens, c'est que vous
ayez pû faire vne fille si spirituelle que moy. A t'on iamais
parlé dans le beau style de

C

Cathos ny de Magdelon ? &
ne m'auoüerez vous pas que
ce seroit assez d'vn de ces
noms, pour décrier le plus
beau Roman du monde?

CATHOS.

Il est vray, mon oncle,
qu'vne oreille vn peu deli-
cate pâtit furieusement à en-
tendre prononcer ces mots
là, & le nom de Polixene,
que ma cousine a choisi, &
celuy d'Aminthe, que ie me
suis donné, ont vne grace,
dont il faut que vous de-
meuriez d'accord,

GORGIBVS.

Escoutez, il n'y a qu'vn mot
qui serue, Ie n'entends point
que vous ayez d'autres noms,
que ceux, qui vous ont esté
donnez par vos parrains &
marraines, & pour ces messieurs, dont il est question ie
connois leurs familles & leurs
biens, & ie veux resolument,
que vous vous disposiez à les
receuoir pour maris. Ie me
lasse de vous auoir sur les
bras, & la garde de deux filles
est vne charge vn peu trop
pesante, pour vn homme de
mon âge.

CATHOS.

Pour moy , mon oncle ,
tout ce que ie vous puis dire
c'eſt que ie treuue le mariage vne choſe tout à fait cho-
quante. Comment eſt -ce
qu'on peut ſouffrir la penſée
de coucher contre vn hom-
me vrayement nû.

MAGDELON.

Soufrez que nous prenions
vn peu haleine parmy le beau
monde de Paris, où nous ne
faiſons que d'arriuer. Laiſſez

nous faire à loifir le tiffu de
noftre Roman, & n'en pref-
fez point tant la conclufion.

GORGIBVS.

Il n'en faut point douter
elles font acheuées. Encore
vn coup, ie n'entens rien à
toutes ces baliuernes, ie veux
eftre maiftre abfolu, & pour
trancher toutes fortes de dif-
cours, ou vous ferez mariées
toutes deux, auant qu'il foit
peu, ou, ma foy, vous ferez
religieufes, i'en fais vn bon
ferment.

SCENE V.

CATHOS.

MOn Dieu, ma chere,
que ton pere à la for-
me enfoncée dans la matiere! que son intelligence est
epaisse, & qu'il fait sombre
dans son ame!

MAGDELON.

Que veux tu , ma chere,
i'en suis en confusion pour
luy. I'ay peine à me persua-
der que ie puisse estre veri-
tablement sa fille , & ie croy
que quelque auanture , vn
iour, me viendra deueloper
vne naissance plus illustre.

CATHOS.

Ie le croirois bien ouy, il y
a toutes les apparences du
monde, & pour moy, quand
in me regarde aussi.....

SCENE VI.

MAROTTE, CATHOS, MAGDELON.

MAROTTE.

Voila vn laquais, qui demande, si vous estes au logis, & dit que son maistre vous veut venir voir.

MAGDELON.

Apprenez , fotte, à vous
enoncer moins vulgairemét.
Dites ; voila vn neceſſaire qui
demande , ſi vous eſtes en
commodité d'eſtre viſibles.

MAROTTE.

Dame, ie n'entens point le
Latin , & ie n'ay pas apris ,
comme vous, la Filoſie dans
le grand cyre.

MAGDELON.

L'impertinente ! le moyen

de souffrir cela! & qui est-il
le maistre de ce laquais?

MAROTTE.

Il me la nommé le Mar-
quis de Mascarille.

MAGDELON.

Ah ma chere! vn Marquis,
ouy, allez dire qu'on nous
peut voir. C'est sans doute vn
bel esprit, qui aura ouy parler de nous.

CATHOS.

Asseurement, ma chere.

MAGDELON.

Il faut le receuoir dans cette
salle basse, plustost qu'en nostre chambre : ajustons vn
peu nos cheueux au moins,
& soustenons nostre reputation. Viste venez nous tendre icy dedans le conseiller
des graces.

MAROTTE.

Par ma foy, ie ne sçay point
quelle beste c'est-là, il faut
parler Chrestien, si vous voulez, que ie vous entende.

CATHOS.

Aportez nous le miroir, ignorante que vous estes. Et gardez-vous bien d'en salir la glace, par la communication de voftre image.

SCENE VII.

MASCARILLE.

DEVX PORTEVRS.

MASCARILLE.

HOla, porteurs, hola.
Là, là, là, là, là, là. Ie
pense que ces marauts là ont
dessein de me briser, à force
de heurter contre les murail-
les, & les pauez.

1. PORTEVR.

Dame , c'est que la porte est estroite. Vous auez voulu aussi, que nous soyons entrez iusqu'icy.

MASCARILLE.

Ie le croy bien, Voudriez vous, faquins, que i'exposasse l'embonpoint de mes plumes aux inclemences de la saison pluuieuse ? & que i'alasse imprimer mes souliers en boüe : allez ostez vostre chaise d'icy.

1. PORTEVR.

Payèz nous donc, s'il vous plaist, monsieur.

MASCARILLE.

Hem?

2. PORTEVR.

Ie dis, monsieur, que vous nous donniez de l'argent, s'il vous plaist.

MASCARILLE, *luy donnant un soufflet.*

Comment, coquin, deman-

der de l'argent à vne perſonne de ma qualité?

2. PORTEVR.

Eſt-ce ainſi, qu'on paye
les pauures gens? & voſtre
qualité nous donne t'elle à
diſner?

MASCARILLE.

Ah, ah, ah, ie vous appren-
dray à vous connoiſtre. Ces
canailles-là s'oſent iouer à
moy.

1. PORTEVR.
prenant vn des baſtons de ſa chaiſe.

Ça, payez nous viſtement.

MASC.

MASCARILLE.

Quoy ?

1. PORTEVR.

Ie dis, que ie veux auoir de
l'argent, tout à l'heure.

MASCARILLE.

Il est raisonnable.

1. PORTEVR.

Viste donc,

D

MASCARILLE.

Ouy·dà, tu parles comme
il faut, toy ; mais l'autre est vn
coquin, qui ne sçait ce qu'il
dit. Tien es tu content.

⒈ PORTEVR.

Non ie ne suis pas con-
tent, vous auez donné vn
souflet à mon camarade, &

MASCARILLE.

Doucement, tien, voila
pour le soufflet. On obtient
tout de moy, quand on s'y
prend de la bonne façon Allez, venez me reprendre tan-
tost, pour aller au Louure au
petit coucher.

CENE VIII.

MAROTTE, MASCARILLE.

MAROTTE.

Monsieur, voila mes maistresses, qui vont venir tout à l'heure.

MASCARILLE.

Qu'elles ne se pressent point, ie suis icy posté com̄

D ij

modement, pour attendre.

MAROTTE.

Les voicy.

SCENE IX.

**MAGDELON, CATHOS,
MASCARILLE, ALMANZOR.**

MASCARILLE, *après auoir salüé,*

MEs dames, vous serez
surprises, sans doute
de l'audace de ma visite, mais
vostre reputation vous atti-
re cette meschante affaire,

& le merite a, pour moy, des
charmes si puissans, que ie
cours, par tout, apres luy.

MAGDELON.

Si vous poursuiuez le merite, ce n'est pas sur nos terres
que vous deuez chasser.

CATHOS.

Pour voir chez nous le
merite, il a fallu, que vous l'y
ayez amené.

MASCARILLE.

Ah ie m'inscris en faux contre vos paroles. La Renom-
mée accuse iuste, en con-
tant ce que vous vallez, &
vous allez faire pic, repic &
capot, tout ce qu'il y a de
galant dans Paris.

MAGDELON.

Voftre complaifance pouf-
fe, vn peu trop auant, la liberalité de fes loüanges, & nous
n'auons garde, ma coufine, &
moy, de donner de noftre fe-

rieux, dans le doux de voſtre flatterie.

CATHOS.

Ma chere, il faudroit faire donner des ſieges.

MAGDELON.

Hola, Almanzor.

ALMANZOR.

Madame.

MAGDELON.

Viste, voiturez-nous icy
les commoditez de la con-
versation.

MASCARILLE.

Mais au moins, y a-t'il seu-
reté icy pour moy.

CATHOS.

Que craignez-vous?

MASCARILLE.

Quelque vol de mon cœur, quelque assassinat de ma franchise. Ie vois icy des yeux qui ont la mine d'estre de fort mauuais garçons, de faire insulte aux libertez, & de traiter vne ame de Turc à More. Comment diable, d'abord qu'on les approche, ils se mettent sur leur garde meurtriere? Ah! par ma foy ie m'en défie, & ie m'en vais gagner au pied, ou ie veux caution bourgeoise, qu'ils ne me feront point de mal.

E

MAGDELON.

Ma chere, c'est le caractere enjoüé.

CATHOS.

Ie vois bien que c'est vn Amilcar.

MAGDELON.

Ne craignez rien, nos yeux n'ont point de mauuais desseins, & voftre cœur peu dormir en affeurance fur leur prud'homie,

CATHOS.

Mais de grace, Monſieur,
ne ſoyez pas inexorable à ce
fauteüil qui vous tend les bras
il y a vn quart d'heure, con-
tentez vn peu l'enuie qu'il a
de vous embraſſer.

MASCARILLE,

Apres s'eſtre peigné & auoir
aiuſté ſes canons.

Et bien, Meſdames, que
dites vous de Paris?

E ij

MAGDELON.

Helas ! qu'en pourrions-nous dire ? il faudroit estre l'antipode de la raison, pour ne pas confesser que Paris est le grand Bureau des merueilles, le centre du bon goust, du bel esprit & de la galanterie.

MASCARILLE.

Pour moy, ie tiens que hors de Paris, il n'y a point de salut pour les honnestes gens.

CATHOS.

C'est vne verité incontes-
table.

MASCARILLE.

Il y fait vn peu croté, mais
nous auons la Chaise.

MAGDELON.

Il est vray que la Chaise est
vn retranchement merueil-
leux contre les insultes de
la bouë, & du mauuais
temps.

MASCARILLE.

Vous receuez beaucoup de visites ? Quel bel Esprit est des voïtres ?

MAGDELON.

Helas nous ne sommes pas encore connuës ; mais nous sommes en passe de l'estre, & nous auons vne amie particuliere, qui nous a promis d'amener icy tous ces Messieurs du Recüeil des Pieces Choisies.

CATHOS.

Et certains autres, qu'on
nous a nommez aussi, pour
estre les arbitres souuerains
des belles choses.

MASCARILLE.

C'est moy qui feray vostre
affaire mieux que personne;
ils me rendent tous visite, &
ie puis dire que ie ne me leue
iamais, sans vne demy douzaine de beaux Esprits.

MAGDELON.

Eh! mon Dieu, nous vous

ferons obligées de la derniere obligation; si vous nous
faites cette amitié : car enfin
il faut auoir la connoissance
de tous ces Messieurs là, si
l'on veut estre du beau monde. Ce sont ceux qui don-
nent le branle à la reputation dans Paris; & vous sça-
uez qu'il y en a tel, dont il
ne faut que la seule frequen-
tation, pour vous donner
bruit de connoisseuse, quand
il n'y auroit rien autre chose que cela. Mais pour moy
ce que ie considere particu-
lierement, c'est que par le
moyen de ces visites spiri-

ruelles, on eſt inſtruite de
cent choſes, qu'il faut ſçauoir
de néceſſité, & qui ſont de
l'eſſence d'vn bel eſprit. On
apprend par là, chaque jour,
les petites nouuelles galan-
tes, les jolis commerces de
Proſe, & de Vers. On ſçait
à poinct nommé, vn tel a
compoſé la plus jolie piece du
monde, ſur vn tel ſujet; Vne
telle a fait des paroles ſur vn
tel air; celuy-cy a fait vn Ma-
drigal ſur vne jöüiſſance; celuy-là a compoſé des Stan-
ces ſur vne infidelité; Monſieur vn tel écriuit hier au ſoir
vn Sixain à Mademoiſelle vne

telle, dont elle luy a enuoyé
la réponse ce matin sur les
huit heures; Vn tel Autheur
a fait vn tel dessein; celuy-là
en est à la troisiéme Partie de
son Romant; cet autre met
ses ouurages sous la Presse;
C'est là ce qui vous fait valoir
dans les compagnies; & si l'on
ignore ces choses, ie ne don-
nerois pas vn clou de tout
l'esprit qu'on peut auoir.

CATHOS.

En effet ie trouue que c'est
rencherir sur le ridicule, qu'v-
ne personne se pique d'esprit,

& ne fçache pas jufqu'au
moindre petit Quatrain qui
fe fait chaque jour, & pour
moy i'aurois toutes les hon-
tes du monde, s'il falloit
qu'on vint à me demander, fi
i'aurois veû quelque chofe de
nouueau, que ie n'aurois pas
veu.

MASCARILLE.

Il eft vray qu'il eft hon-
teux de n'auoir pas des pre-
miers tout ce qui fe fait; mais
ne vous mettez pas en peine,
ie veux établir chez vous vne
Academie de beaux Efprits,

& ie vous promets, qu'il ne se
fera pas vn bout de Vers dans
Paris, que vous ne sçachiez
par cœur auant tous les autres. Pour moy, tel que vous
me voyez, ie m'en esctime vn
peu quand ie veux, & vous
verrez courir de ma façon
dans les belles Ruelles de Paris, deux cens Chansons, autant de Sonnets, quatre cens
Epigrammes, & plus de mille
Madrigaux, sans compter les
Enigmes & les Portraits.

MAGDELON.

Ie vous auoüe que ie suis

furieufement pour les Portraits: Ie ne vois rien de fi galand que cela.

MASCARILLE.
Les Portraits fônt difficiles,
& demandent vn efprit pro-
fond. Vous en verrez de ma
maniere, qui ne vous déplai-
ront pas.

CATHOS.
Pour moy i'aimé terrible-
ment les Enigmes.

MASCARILLE.
Cela exerce l'efprit, & i'en
ay fait quatre encore ce matin, que ie vous donneray à
deuiner.

MAGDELON.

Les Madrigaux font agrea-
bles, quand ils font bien tour-
nez.

MASCARILLE.

C'eſt mon talent particu-
lier, & ie trauaille à mettre en
Madrigaux toute l'Hiſtoire
Romaine.

MAGDELON.

Ah! certes, cela ſera du dernier beau, i'en retiens vn
exemplaire au moins, ſi vous
le faites imprimer.

MASCARILLE.

Ie vous en promets à cha-
cune vn, & des mieux reliez.
Cela est au deſſous de ma condition; mais ie le fais ſeule-
ment pour donner à gagner
aux Libraires, qui me perſe-
cutent,

MAGDELON.

Ie m'imagine que le plaiſir
est grand de ſe voir imprimé.

MASCARILLE.
Sans doute; mais à propos,

il faut que ie vous die vn Impromptu que ie fis hier chez
vne Ducheſſe de mes amies,
que ie fus viſiter ; car ie ſuis
diablement fort ſur les Im-
promptus.

CATHOS.

L'Impromptu eſt juſte-
ment la pierre de touche de
l'eſprit.

MASCARILLE.

Eſcoutez donc.

MAGDELON.

Nous y ſommes de toutes
nos oreilles.

MASC.

MASCARILLE.

Oh, oh, ie n'y prenois pas garde,
Tandis que sans songer à mal, ie vous
regarde.
Vostre œil en tapinois me dérobe mon
cœur,
Au voleur, au voleur, au voleur,
au voleur.

CATHOS.

Ah mon Dieu! voila qui
est poussé dans le dernier galand.

MASCARILLE.

Tout ce que ie fais à l'air
Caualier, cela ne sent point
le Pédant.

F

MAGDELON.

Il en est éloigné de plus de
deux mille lieuës.

MASCARILLE.

Auez-vous remarqué ce
commencement, *oh, oh* ? voila
qui est extraordinaire, *oh, oh.*
Comme vn homme qui s'a-
uise tout d'vn coup, *oh, oh.* La
surprise, *oh, oh.*

MAGDELON.
Oüy, ie trouue ce *oh, oh*,
admirable.

MASCARILLE.

Il semble que cela ne soit rien.

CATHOS.

Ah, mon Dieu, que dites-vous! ce sont là de ces sortes de choses qui ne se peuuent payer.

MAGDELON.

Sans doute, & i'aimerois mieux auoir fait ce *oh, oh,* qu'vn Poëme Epique.

MASCARILLE.

Tudieu, vous auez le goust bon.

MAGDELON.

Eh, ie ne l'ay pas tout à fait mauuais.

MASCARILLE.

Mais n'admirez-vous pas aussi, *ie n'y prenois pas garde?* *ie n'y prenois pas garde*, ie ne m'apperceuois pas de céla, façon de parler naturelle, *Ie n'y prenois pas garde. Tandis que sans songer à mal.* Tandis qu'innocemment, sans malice, comme vn pauure mouton, *Ie vous regarde*, c'est à dire ie m'amuse à vous considerer, ie vous obserue, ie vous con-

temple. *Voſtre œil en tapinois...*
Que vous ſemble de ce mot,
Tapinois, n'eſt-il pas bien
choiſy?

CATHOS.
Tout à fait bien.

MASCARILLE.

Tapinois, en cachette, il
ſemble que ce ſoit vn chat qui
vienne de prendre vne ſouris.
Tapinois.

MAGDELON.
Il ne ſe peut rien de mieux.

MASCARILLE.
Me dérobe mon cœur, me
l'emporte, me le rauit. *Au*

voleur, au voleur, au voleur, au voleur. Ne diriez-vous pas que c'eſt vn homme qui crie & court apres vn voleur pour l faire arreſter, *au voleur, au vo leur, au voleur, au voleur.*

MAGDELON.

Il faut auoüer que cela a v tour ſpirituel; & galand.

MASCARILLE.

Ie veux vous dire l'air qu i'ay fait deſſus.

CATHOS.

Vous auez appris la Muſique.

MASCARILLE.

Moy? point du tout.

CATHOS.

Et comment donc cela se
ut il?

MASCARILLE.

Les gens de qualité sçauent
ut, sans auoir iamais rien
pris.

MAGDELON.

Asseurément, ma chere.

MASCARILLE.

Escoutez si vous trouue-
ez l'air à voftre gouft : *hem,*
m, la, la, la, la, la. La bru-
lité de la faifon a furieufe-

ment outragé la délicateſſe de
ma voix, mais il n'importe,
c'eſt à la Caualiere.

Il chante.

Oh, oh, ie n'y prenois pas...!

CATHOS.

Ah que voïla vn air qui eſt
paſſionné! eſt-ce qu'on n'en
meurt poiht?

MAGDELON.

Il y a de la cromatique là
dedans.

MASCARILLE.

Ne trouuez-vous pas la
penſée

penſée bien exprimée dans le
chant? au voleur. . . Et puis
comme ſi l'on crioit bien fort,
au, au, au, au, au, au voleur; &
tout d'vn coup comme vne
perſonne eſſouflée, au voleur.

MAGDELON.

C'eſt là ſçauoir le fin des
choſes, le grand fin, le fin du
fin. Tout eſt merueilleux, ie
vous aſſeure; ie ſuis entouſiaſ-
mée de l'air, & des paroles.

CATHOS.

Ie n'ay encore rien veu de
cette force là.

MASCARILLE.

Tout ce que ie fais me vient
naturellemét, c'eſt ſans é tude.

G

MAGDELON.

La Nature vons a traitté en vraye mere paffionnée, & vous en eftes l'enfant gafté.

MASCARILLE.

A quoy donc paffez-vous le temps?

CATHOS.

A rien du tout.

MAGDELON.

Nous auons efté iufqu'icy dans vn jeufne effroyable de diuertiffemens.

MASCARILLE.

Ie m'offre à vous mener l'vn de ces iours à la Comedie fi vous voulez, auffi bien on en doit jouër vne nouuelle

que ie feray bien aife, que
nous voyions enfemble.

MAGDELON.

Cela n'eft pas de refus.

MASCARILLE.

Mais ie yous demande d'a-
plaudir, comme il faut, quand
nous ferons là. Car ie me fuis
engagé de faire valoir la Piece,
& l'Autheur m'en eft venu
prier encore ce matin. C'eft
la couftume icy, qu'à nous
autres gens de condition, les
Autheurs viennent lire leurs
Pieces nouuelles, pour nous
engager à les trouuer belles,
& leur donner de la reputation, & ie vous laiffe à pen-

ser, si quand nous disons quelque chose le Parterre ose nous
contredire. Pour moy, i'y suis
fort exact, & quand i'ay promis à quelque Poëte, ie crie
toûsiours, voila qui est beau,
deuant que les chandelles
soient allumées.

MAGDELON.

Ne m'en parlez point, c'est
vn admirable lieu que Paris,
il s'y passe cent choses tous les
iours, qu'on ignore dans les
Prouinces, quelque spirituelle
qu'on puisse eltre.

CATHOS.

C'est assez, puis que nous
sommes instruits, inous se-

rons noſtre deuoir de nous
écrier comme il faut ſur tout
ce qu'on dira.

MASCARILLE.

Ie ne ſçay ſi ie me trompe;
mais vous auéz toute la mine
d'auoir fait quelque Comedie.

MAGDELON.

Eh, il pourroit eſtre quelque
choſe de ce que vous dites.

MASCARILLE.

Ah, ma foy, il faudra que
nous la voiyons. Entre nous,

i'en ay compofé vne que ie veux faire reprefenter.

CATHOS.

Hé, à quels Comediens la donnerez-vous?

MASCARILLE.

Belle demande! aux grands Comediens, il n'y a qu'eux qui foient capables de faire valoir les chofes ; les autres font des Ignorans, qui recitent comme l'on parle, ils ne fçauent pas faire ronfler les Vers & s'arrefter au bel endroit; & le moyen de connoiftre où eft le beau Vers,

ſi le Comedien ne s'y arreſter
& ne vous auertit par là, qu'il
faut faire le brou haha.

CATHOS.

En effet, il y a maniere de
faire ſentir aux Auditeurs les
beautez d'vn Ouurage, & les
choſes ne valent que ce qu'on
les fait valoir.

MASCARILLE.

Que vous ſemble de ma
petite oye? la trouuez-vous
congruante à l'habit?

CATHOS.

Tout à fait.

MASCARILLE.

Le ruban est bien choisi.

MAGDELON.

Furieusement bien. C'est
Perdrigeon tout pur.

MASCARILLE.

Que dites-vous de mes ca-
nons?

MAGDELON.

Ils ont tout à fait bon air.

MASCARILLE.

Ie puis me vanter au moins
qu'ils ont vn grand quartier
plus que tous ceux qu'on fait.

MAGDELON.

Il faut auoüer que ie n'ay iamais veu porter si haut l'ele-gance de l'ajustement.

MASCARILLE.

Attachez vñ peu sur ces gants là reflexion de voftre odorat.

MAGDELON.

Ils sentent terriblement bon.

CATHOS.

Ie n'ay iamais respiré vne odeur mieux conditionnée.

MASCARILLE.

Et celle-là?

MAGDELON.

Elle est tout à fait de qualité; le sublime en est touché delicieusement.

MASCARILLE.

Vous ne me dites rien de mes plumes, comment les trouuez-vous?

CATHOS.

Effroyablement belles.

MASCARILLE.

Sçauez-vous que le brin me couste vn Loüis d'or? Pour moy i'ay cette manie, de vouloir donner generalement, sur tout ce qu'il y a de plus beau.

MAGDELON.

Ie vous asseure, que nous
simpathisons vous & moy,
i'ay vné délicatesse furieuse
pour tout ce que ie porte; &
iusqu'à mes chaussettes, ie ne
puis rien souffrir qui ne soit de
la bonne ouuriere.

MASCARILLE
s'écriant brusquement.

Ahi, ahi, ahi, doucement;
Dieu me damne, Mesdames,
c'est fort mal en vser; i'ay à
me plaindre de vostre procé-
dé; cela n'est pas honneste.

CATHOS.

Qu'est-ce donc? qu'auez-
vous?

MASCARILLE.

Quoy, toutes deux contre
mon cœur, en mesme temps?
m'attaquer à droit & à gau-
che? ah c'est contre le droict
des gens, la partie n'est pas
égale, & ie m'en vais crier au
meurtre.

CATHOS.

Il faut auoüer qu'il dit les
choses d'vne maniere particuliere.

MAGDELON.

Il a vn tour admirable dans
l'esprit.

CATHOS.

Vous auez plus de peur que de mal, & voftre cœur crie auant qu'on l'écorche.

MASCARILLE.

Comment diable ! il eft écorché depuis la tefte juf-qu'aux pieds.

SCENE X.

MAROTTE, MASCARILLE,
CATHOS, MAGDELON.

MAROTTE.

Adame, on demande
à vous voir.

MAGDELON.

Qui?

MAROTTE.

Le Vicomte de Iodelet.

MASCARILLE.

Le Vicomte de Iodelet?

MAROTTE.

Oüy, Monſieur.

CATHOS.

Le connoiſſez-vous?

MASCARILLE.

C'eſt mon meilleur Amy.

MAGDELON.

Faiftes entrer viftement.

MASCARILLE,

Il y a quelque temps que
nous ne nous fommes veus, &
ie fuis rauy de cette-auanture.

CATHOS.

Le voicy.

SCENE XI.

IODELET, MASCARILLE,

CATHOS, MAGDELON,

MAROTTE.

MASCARILLE.

AH Vicomte.

IODELET.

s'embraſſant l'vn l'autre.

Ah Marquis !

H

MASCARILLE.

Que ie suis aise de te ren-
contrer!

IODELET.

Que i'ay de joye de te voir
icy!

MASCARILLE.

Baise moy donc encore vn
peu, ie te prie.

MAGDELON.

Ma toute Bonne, nous commençons d'estre connuës, voila le beau monde qui prend le chemin de nous venir voir.

MASCARILLE.

Mesdames, agréez que ie vous presente ce Gentil-homme cy. Sur ma parole, il est digne d'estre connu de vous.

IODELET.

Il est iuste de venir vous
rendre ce qu'on vous doit,
& vos attraits exigent leurs
droicts seigneuriaux sur toutes sortes de personnes.

MAGDELON.

C'est pousser vos ciuilitez
iusqu'aux derniers confins de
la flaterie.

CATHOS.

Cette journée doit estre

marquée dans noſtré Alma-
nach, comme vne jóurnée.
bienheureuſe.

MAGDELON.

Allons, petit garçon, faut-
il touſiours vous repeter les
choſes? voyez-voùs pas qu'il
faut le ſurcroiſt d'vn fauteüil?

MASCARILLE.

Ne vous eſtonniez pas de
voir le Vicomte de la ſorte, il
ne fait que ſortir d'vne maladie qui luy a rendu le vi-

fage paſſe, comme vous le voyez.

IODELET.

Ce font fruits des veilles de la Cour, & des fatigues de la guerre.

MASCARILLE.

Sçauez-vous, Meſdames, que vous voyez dans le Vi-comte vn des vaillans hom-mes du fiecle? c'eſt vn braue à trois poils.

IODELET.

Vous ne m'en deuez rien,
Marquis, & nous fçauons ce
que vous fçauez faire auffi.

MASCARILLE.

Il eſt vray que nous nous
ſommes veus tous deux dans
l'occaſion.

IODELET.

Et dans des lieux où il fai-
soit fort chaud.

MASCARILLE

Les regardant tous deux.

Oüy, mais non pas si chaud
qu'icy. Hay, hay, hay.

IODELET.

Nostre connoissance s'est
faite à l'armée, & la premiere

premiere fois que nous nous
vifmes, il commandoit vn
Regiment de Caualerie fur
les Galeres de Malthe.

MASCARILLE.

Il eft vray ; mais vous eftiez
pourtant dans l'employ auant
que i'y fuſſe, & ie me fouuiens
que ie n'eſtois que petit Offi-
cier encore, que vous com-
mandiez deux mille Che-
uaux.

IODELET.

La Guerre eft vne belle
chofe : mais ma foy, la Cour

G

recompense bien mal auiour-
d'huy, les gens de seruice
comme nous.

MASCARILLE.

C'est ce qui fait que ie veux
pendre l'épée au croc.

CATHOS.

Pour moy i'ay vn furieux
tendre pour les hommes d'é-
pée.

MAGDELON.

Ie les ayme aussi : mais

veux que l'Efprit affaifonne la
brauouré.

MASCARILLE.

Te fouuient-il, Vicomte, de
cette demy-lune , que nous
emportâmes fur les ennemis
au Siege d'arras?

IODELET.

Que veux-tu dire auec ta
demy-lune ? c'eſtoit bien vne
lune toute entiere.

MASCARILLE.

Ie penfe que tu as raifon.

IODELET.

Il m'en doit bien souuenir,
ma foy: i'y fus blessé à la iambe d'vn coup de grenade,
dont ie porte encore les marques. Tâtez vn peu, de grace,
vous sentirez quelque coup,
c'estoit-là.

CATHOS.

Il est vray que la cicatrice
est grande.

MASCARILLE.

Donnez-moy vn peu vostre

main, & tâtez celuy-cy : là,
iuſtement au derriere de la
teſte. Y eſtes-vous?

MAGDELON.

Ouy, ie ſens quelque choſe.

MASCARILLE.

C'eſt vn coup de mouſquet
que ie receûs la derniere cam-
pagne que i'ay faite.

IODELET.

Voicy vn autre coup qui
me perça de part en part à

l'attaque de Gravelines.

MASCARILLE.

Mettant la main sur le bouton de son haut de chausse.

Ie vais vous monstrer vne furieuse playe.

MAGDELON.

Il n'est pas necessaire, nous le croyons, sans y regarder.

MASCARILLE.

Ce sont des marques honnorables, qui font voir ce qu'on est.

CATHOS.

Nous ne doutons point de ce que vous estes.

MASCARILLE.

Vicomte, as-tu là ton Ca-rosse?

IODELET.

Pourquoy?

MASCARILLE.

Nous menerions promener

G iiij

ces Dames hors des Portes, &
leur donnerions vn cadeau.

MAGDELON.

Nous ne sçaurions sortir
auiourd'huy.

MASCARILLE.

Ayons donc les violons
pour dancer.

IODELET.

Ma foy c'est bien auisé.

MAGDELON.

Pour cela nous y confen-
tons; mais il faut donc quelque furcroiſt de compagnie.

MASCARILLE,

Hola Champagne, Picard,
Bourguignon, Caſquaret,
Baſque, la Verdure, Lorrain,
Prouençal, la Violette.
Au Diable ſoient tous les
Laquais. Ie ne penſe pas qu'il
y ait Gentil-homme en Fran-
ce plus mal ſeruy que moy.
Ces canailles me laiſſent toû-
iours ſeul.

MAGDELON.

Almanzor, dites aux gens
de Monſieur, qu'ils aillent
querir des Violons , & nous
faites venir ces Meſſieurs, &
ces Dames d'icy-prés , pour
peupler la ſolitude de noſtre
bal.

MASCARILLE.

Vicomte, que dis tu de ces
yeux?

IODELET.

Mais toy meſme, Marquis
que t'en ſemble?

MASCARILLE.

Moy, ie dis, que nos libertez
auront peiné à ſortir d'icy, les
brayes nettes. Au moins, pour
moy, ie reçois d'eſtranges ſe-
couſſes, & mon cœur ne tient
plus qu'à vn filet.

MAGDELON.

Que tout ce qu'il dit eſt
naturel ! il tourne les choſes
le plus agreablement du monde.

CATHOS.

Il eſt vray, qu'il fait vne
furieuſe dépenſe en eſprit.

MASCARILLE.

Pour vous monstrer que ie
suis veritable, ie veux faire vn
impromptu là dessus.

CATHOS.

Eh ie vous en coniuré de
toute la deuotion de mon
cœur. Que nous ayons quelque chose qu'on ait fait pour
nous.

IODELET,

I'aurois enuie d'en faire autant: mais ie me treuue vn

peu incommodé de la veine
Poëtique, pour la quantité
des faignées que i'y ay faites
ces iours paffez.

MACARILLE.

Que Diable eft-cela ? ie
fais toûiours bien le premier
vers:mais i'ay peine à faire les
autres. Ma foy, cecy eft vn
peu trop preffé, ie vous feray
vn impromptu à loifir, que
vous trouuerez le plus beau
du monde.

IODELET.

Il a de l'esprit comme vn Demon.

MAGDELON.

Et du galand, & du bien tourné.

MASCARILLE.

Vicomte dy-moy vn peu, y a-t-il long-temps, que tu n'as vëu la Comtesse?

IODELET.

Il y a plus de trois semaine

que ie ne luy ay rendu visite.

MASCARILLE.

Sçais - tu bien que le Duc
m'est venu voir ce matin, &
m'a voulu mener à la campa-
gne, courir vn Cerf, auec luy?

MAGDELON.

Voicy nos amies, qui viennent.

SCENE XII.

IODELET, MASCARIL-
LE, CATHOS, MAG-
DELON, MAROTE.
LVCILE.

MAGDELON.

Mon Dieu, mes che-
res, nous vous de-
mandons pardon. Ces Mef-
fieurs ont eu fantaifie de nous
donner les ames des piez, &
nous

CATHOS.

Et a la mine de dancer pro-
prement.

MASCARILLE.

Ayant pris Magdelon.

Ma franchise va dacer la cou-
rante aussi bien que mes piez.
En cadance, Violons, en cadance. O quels ignorans! il n'y
a pas moyen de dancer auec
eux. Le Diable vous emporte,
ne sçauriez - vous iouer en
mesure? la, la, la, la, la, la, la, la?
Ferme, ô Violons de village.

IODELET,

Dançant en suite.

Hola, ne pressez pas si fort
la cadance, ie ne fais que sortir de maladie.

⁂⁂⁂⁂⁂⁂⁂

SCENE XIII.

DV CROISY, LA GRAN-GE, MASCARILLE.

LA GRANGE.

Ah, ah, Coquins, que faites-vous icy? il y a trois heures que nous vous cherchons.

MASCARILLE.

Se sentant battre.

Ahy, ahy, ahy, vous ne

m'auiez pas dit, que les coups
en seroient aussi.

IODELET.

Ahy, ahy, ahy,

LA GRANGE.

C'est bien à vous, infame
que vous estes, à vouloir faire
l'homme d'importance.

DV CROISY.

Voila qui vous apprendra
à vous connoistre.

Ils sortent.

d'acheuer. Nous nous cônoiſ-
ſons il y a long témps, & entre
amis on ne va pas ſe piquer,
pour ſi peu de choſe.

I

SCENE XV.

DV CROISY, LA GRANGE, MASCA-RILLE, IODELET, M.A.G.DELON, CATHOS.

LA GRANGE.

Ma foy, marauts, vous ne vous rirez pas de nous, je vous promets. Entrez, vous autres.

MAGDELON.

Quelle eſt donc cette au-
dace, de venir nous troubler
de la ſorte, dás noſtre maiſon?

DV CROISY.

Comment, mes Dames, nous
endurerons que nos laquais
ſoient mieux receus, que nous?
qu'ils viennent vous faire l'a-
mour à nos dépens , & vous
donnent le Bal?

MAGDELON.

Vos laquais!

LA GRANGE.

Ouy, nos laquais, & cela
n'eſt ny beau, ny honneſte, de
nous les débaucher, comme
vous faites.

MAGDELON.

O ciel, quelle inſolence!

L'A GRANGE.

Mais ils n'auront pas l'auantage de se seruir de nos habits, pour vous dóner dans la veuë, & si vous les voulez aïmer, ce sera, ma fóy, pour leurs beaux yeux. viste qu'on les dépoüille sur le champ.

IÓDELET.

A dieu nostre brauerie.

MASCARILLE.

Voila le Marquisat & la Vicomté à bas.

DV CROISY.

Ha ha, coquins, vous auez
l'audace d'aller fur nos brifées.
Vous irez chercher autre part
dequoy vous rendre agreables
aux yeux de vos belles, je vous
en affeure.

LA GRANGE.

C'est trop que de nous fuplanter, & de nous fuplanter,
auec nos propres habits,

MASCARILLE.

O fortune, quelle est ton
inconſtance!

joux.

DV CROISY.

Viſte, qu'on leur oſte juſ
qu'à la moindre choſe.

LA GRANGE.

Qu'on emporte toutes ces
hardes, dépêchez. Maintenāt,
mes Dames, en l'eſtat qu'ils
ſont, vous pouuez continuer
vos amours auec eux, tant qu'il

I iiij

vous plaira, nous vous laiſſons toute ſorte de liberté pour cela, & nous vous proteſtons, Monſieur, & moy, que nous n'en ſerons aucunement jaloux.

CATHOS.

Ah quelle confuſion!

MAGDELON.

Ie creve de dépit.

VIOLONS.

au Marquis.

Qu'eſt-ce donc que cecy? qui nous payera nous autres?

MASCARILLE.

Demandez à Monsieur le Vicomte.

VIOLONS.

Qui est-ce, qui nous don-tera de l'argent?

IODELET.

Demandez à Monsieur le Marquis.

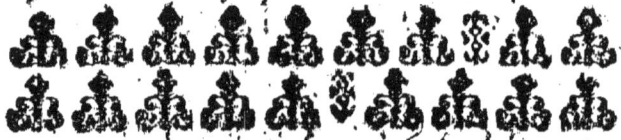

SCENE XVI.

GORGIBVS MASCA-
RILLE MAGDELON.

GORGIBVS.

AH coquines, que vous estes, vous nous mettez dans de beaux draps blancs, à à ce que je voy, & je viens d'a-d'aprendre de belles affaires vrayment, de ces Messieurs, qui sortent.

MAGDELON.

Ah! mon pere, c'est vne piece
fanglâte, qu'ils nous ont faite.

GORGIBVS.

Ouy c'est vne piece fanglan-
te; mais qui est vn effet de vostre impertinence, infames. Ils
se font ressentis du traitemeht,
que vous leur, auez faits & cependant, malheureux que je
suis, il faut, que je boiue l'af-
front.

MAGDELON.

Ah, Ie jure, que nous en ferons vangées, ou que je mourray en la peine. Et vous, marauts, osez-vous vous teniricy, apres voltre insolence?

MASCARILLE.

Traiter comme cela vn Marquis ? Voila ce que c'est, que du monde, la moindre disgrace nous fait meprifer de ceux qui nous cheriftoient. Allons, camarade, allons chercher fortune autre part; je vois bien

qu'on n'aime icy, que la vaine
apparence, & qu'on n'y confi-
dere point la vertu toute nuë.

Ils sortent tous deux.

SCENE XVII.

GORGIBVS, MAGDE-
LON, CATHOS.
VIOLONS.

VIOLONS.

MOnsieur nous enten-
dons, que vous nous
côtentiez à leur defaut, pource
que nous auons joué icy.

GORGIBVS.
les battant.

Ouy, ouy, je vous vais con-

tenter, & voicy la monnoye,
dont je vous veus payer. Et
vous, pendardes, je ne sçay qui
me tient, que je ne vous en fas-
se autant, nous allons seruir de
fable, & de risée à tout le monde, & voila ce que vous vous
estes attiré par vos extravagan-
ces. Allez vous cacher, vilaines,
allez vous cacher pour jamais,
Et vous, qui estes cause de leur
folie, sottes bille-vesées, perni-
cieux amusemens des esprits
oisifs, Romans, Vers, Chansons, Sonnets, & Sonnettes,
puissiez-vous estre à tous les
Diables.

FIN.

EXTRAICT DV PRIVILEGE du Roy.

PAr Grace & Priuilege du Roy, donné à Paris le 15 Ianuier 1660. signé, Par le Roy en son Conseil, MARESCHAL, Il est permis à GVILLAVME DE LVYNES, Marchand Libraire de nostre bonne ville de Paris de faire imprimer, vendre & debiter *Les Precieuses Ridicules, representées au Petit-Bourbö* pendāt cinq années & defenses sont faites à tous autres de l'imprimer, ni vendre d'autre Edition que celle de l'exposant, à peine de deux mil liures d'amande, de tous despens, dommages, & interests, comme il est porté plus amplement par lesdites Lettres.

Acheuez d'imprimer pour la premiere fois le 15. Ianuier 1660.

Les exemplaires ont esté fournis.

Registré sur le Liure de la Communauté le 26. Ianuier 1660. Signé IOSSE, Syndic.

Et ledit de Luynes a fait part du Priuilege cy-dessus à Charles de Sercy & Claude Barbin. Marchands Libraires, pour en iouïr suiuant l'accord fait entre eux.

9 7 8 2 0 1 2 6 9 7 7 9 9